Contraste insuffisant
NF Z 43-120-14

Illisibilité partielle

Valable pour tout ou partie
du document reproduit

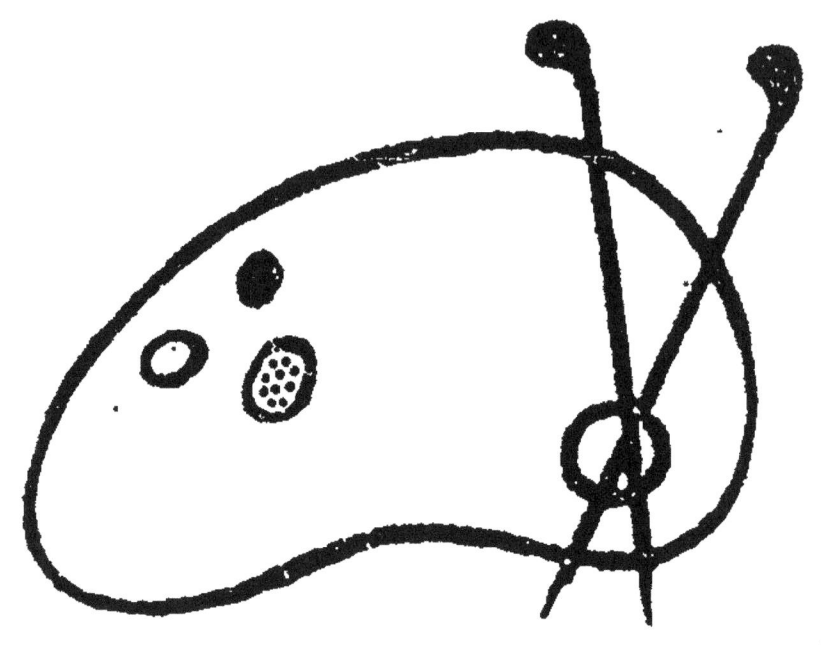

Couvertures supérieure et inférieure
en couleur

FRAGMENT

D'UN

COMPTE DES RECETTES

DU DOMAINE DU ROI

DANS LE BAILLIAGE DE SENLIS

EN L'ANNÉE 1332

PAR

MM. MARGRY et L'Abbé Eug. MULLER,

Vice-Présidents du Comité Archéologique.

SENLIS
IMPRIMERIE EUGÈNE DUFRESNE
4, RUE DU PUITS TIPHAINE, 4
1894

FRAGMENT

D'UN

COMPTE DES RECETTES

DU DOMAINE DU ROI

DANS LE BAILLIAGE DE SENLIS

EN L'ANNÉE 1332

PAR

MM. MARGRY et L'Abbé Eug. MULLER,

Vice-Présidents du Comité Archéologique.

(Extrait du Bulletin du Comité Archéologique de Senlis).

SENLIS

IMPRIMERIE EUGÈNE DUFRESNE

4, RUE DU PUITS TIPHAINE, 4

1894

FRAGMENT

D'UN COMPTE DES RECETTES DU DOMAINE DU ROI

DANS LE BAILLIAGE DE SENLIS

en l'année 1332.

Notre excellent confrère, M. Turquet de la Boisserie, nous a gracieusement confié le dépouillement de cet intéressant document, qu'un catalogue de la librairie Ern. Dumont, 1894, janvier-février, n° 98, avait récemment désigné à sa curiosité.

Avertissement et notes explicatives.

§ Ier.

D'un nombre inconnu de feuilles de parchemin cousues l'une à l'autre, il n'a conservé que quatre, sur une longueur de 1 m. et une largeur de 0^{m}44^c. Outre qu'il a perdu ses premiers et derniers chapitres, il a subi des avaries partielles qui seront marquées par des pointillés. Dans les articles 52, 69, 71, l'auteur qualifie son travail « littere huius computi »; chaque pièce justificative produite par un agent local est appelée *rotulum* (art. 28) si elle est administrative, et *cedula* (art. 73, 75, 76) si elle est judiciaire; leur réunion forme le dossier *saccum* (art. 28) dudit agent.

Malgré ces lacunes regrettables, le témoin que nous allons entendre, nous dira quels progrès a reçus depuis la féodalité, cette vaste administration désormais régulière et sûre; quelle vigilance existe notamment dans l'exploitation des forêts. L'indication des ressorts et la profusion des lieux dits ne seront pas d'un moindre profit pour notre histoire locale.

§ II.

Au double point de vue féodal et royal, le Domaine a fourni matière à de nombreux traités. La bibliographie en a été dressée par le P. Lelong, dans sa *Bibliothèque Historique*, édit. Fontette, p. 587. Tous les lexiques nous en offrent le résumé ; nous leur empruntons ce qui importe à l'intelligence de notre texte.

Le Domaine royal est tout ce qui appartient au souverain en conséquence de la couronne. Il y a le domaine fixe et les domaines casuel et privé, ces deux derniers promptement réunis au premier en vertu de lois spéciales. Le domaine fixe est dit Muable, *mobilis*, (chap. I et III) lorsqu'il consiste dans les choses qui s'afferment moyennant un prix qui peut varier suivant les temps, les lieux, les personnes. Il est appelé nonmuable, *ad hereditatem*, (chap. II et IV) quand il s'agit de rentes, droits et revenus dont la quotité ne peut changer : ils suivent ainsi à perpétuité les biens sur lesquels ils sont assis.

§ III.

Le roi régnant est Philippe-de-Valois (1328-1350) vers lequel nous reportera fréquemment notre analyse. Les dons faits par lui (art. 69, 71) font passer aux profits et pertes (*inter partes tornatas*) divers droits de relief. Ses ordonnances sur les monnaies (1328, 1329, 1330) appuyées par l'assemblée d'Orléans (1332), relèvent subitement les cours dépréciés ; notre receveur est dès lors contraint (chap. XIV) de convertir en forte monnaie (*fortis moneta*) les engagements pris en monnaie faible (*moneta debilis*) par les clients du domaine.

Le Bailliage de Senlis est tenu par messire Jehan de Sempy (1329-1336), ayant pour lieutenant général noble homme Henri du Change [1]. Rappelons aussi que notre Commune vient d'être abolie (fév. 1320); que la prévôté urbaine a, dès lors, été subs-

---

[1] V. Catalogue des Baillis par Afforty, dans Mém. du Comité Arch. de Senlis, 3e série, t. VII, p. 34.

tituée à la juridiction communale [1]; et que le rôle des fonctionnaires royaux, dans notre cité, en a pris une nouvelle importance.

§ IV.

La date du 25 juillet 1332 est inscrite en marge par un annotateur moderne ; la même main a souligné plusieurs passages et chargé le texte d'un numérotage erroné. L'année est admissible puisqu'elle apparaît dans les art. 28 et 29 ; mais les opérations du comptable sont en cours, et non closes dans ledit mois, puisqu'il vise après le 25 un don gracieux du roi. Le compte aura donc été déposé vers la fin de l'exercice qui s'étendait jusqu'à la Pâques prochaine. Nous donnons un n° d'ordre, en chiffres romains, à chaque chapitre, et en chiffres ordinaires, à chaque article ; ils serviront de repère à tous les renvois indiqués dans la table. Quant à la transcription elle-même, nous respecterons l'orthographe de l'auteur ; nous suppléons seulement aux abréviations aussi nombreuses que variées, comme à la ponctuation absente.

§ V.

Remarques sur les Chapitres.

Le Chapitre Ier est précédé d'un total qui résume une série disparue, évidemment, les revenus ad hereditatem de la circonscription de Pierrefonds [2], dont nous trouvons ici les revenus-muables. Cette partie nord-est de notre bailliage est riche en souvenirs historiques ; elle fut assiduement fréquentée

---

[1] V. Catalogue des Prévôts, en Afforty, t. XII, p. 7731-68. — Ce Catalogue, que nous publierons prochainement, fixe aux environs de l'année 1320, la création de cette prévôté, dont M. de Rozière n'a indiqué qu'approximativement la date dans l'Assise du bailliage de Senlis, d'après un manuscrit du Comité Archéologique de Senlis. (Paris, Larose, 1892).

[2] V. Table des lieux de la Châtellenie de Pierrefonds, dans : Carlier, Hist. du Valois, I, xxxiv ; Gravas, Con Attichy, p. 91 ; Afforty, xi, p. 5082.

par les rois des trois premières races. A Saint-Ouen, Cuise, Trosly, Jaulzy et dans maints autres lieux, les forteresses féodales ont succédé aux palatia et aux villæ mérovingiennes. Carlier et Graves, auxquels renvoie notre table, en ont recueilli les souvenirs; ils ont noté les nombreuses chartes fondant les abbayes, affranchissant les serfs, puis les communes, créant les mairies, les justices et (nous en avons ici la preuve) la perception régulière des deniers royaux.

Chapitre II° et III°. — Trois masures aux pieds d'un château, un péage sur les rivières prochaines, rappellent seuls les splendeurs de Choisy.

Chapitre IV° et V°. — Thourotte (*Thorota*) retiendra plus longtemps l'agent du fisc. Les droits du domaine en ce lieu paraissent dater du X° siècle. Cette seigneurie, dit Graves, dépendait de Senlis lorsque ce comté fut réuni à la couronne par l'avènement de Hugues Capet, en 987 : aussi est-il maintenu dans le ressort de ce bailliage par l'art. 52 de la coutume. Les taxes directes portent sur une maison, un moulin, un four, une écluse, la pêche en rivières et diverses prairies; l'une d'elles est sise devant le bac (*navis*) de Montmacq, qui se voit encore de nos jours; elle est tenue, pour neuf ans, par messire de Dargies, un grand nom du Beauvaisis. Parmi les revenus indirects, sont affermés : la mairie de Cambronne; le droit sur les ventes d'héritages (*de vendis*)[1]; les droits de sortie (*exitibus*), les redevances (*leveiis*) de la terre de Maucourt. Cet article est en souffrance depuis l'an 1302; il a été réglé dans la présente année par messire Gilles de Sorel, sergent du roi (*serviens Regis*). Nous trouvons des seigneurs de ce nom à Orvillers-Sorel (Oise, C°ⁿ de Ressons), ou Sorel-le-Grand, C°ⁿ Roisel, et Sorel, C°ⁿ Hallencourt, dans la Somme.

Chapitres VI, VII, VIII. — Ici l'horizon s'étend, et nous visitons les principaux sièges de justice du bailliage : les officiers qui les tiennent acquittent le prix de leur ferme.

---

[1] V. Bouchel. Coutumes de Senlis, art. 215.

Les premiers inscrits sont les apposeurs du « séel royal » (*sigilla et scriptura*). Dans les siècles antérieurs, ces fonctions n'existent pas, ou sont réglementées par les usages locaux. Nous assistons aux débuts d'une méthode plus rationnelle. Les ordonnances de 1311, 1317, 1321, visent « les Prévostez, Notairies, Escriptures, Enregistremens, Esmolumens du séel ». Désormais, toutes les juridictions subalternes auront un sceau ; il sera plus petit que celui des hautes cours, mais gravé aussi aux armes de France ; et comme les émoluments des « scelleurs », c'est-à-dire de ceux qui les impriment et en rédigent les mentions y afférentes, sont déjà considérables, le roi en fait un droit domanial : réunies ou séparées, l'apposition et l'écriture du scel seront données à ferme, soit à temps, soit à vie, à un seul comme à plusieurs titulaires. Des articles 29 et 30, concernant Senlis, il résulte que le prévôt châtelain, Symon, était triplement le fermier du Domaine : 1° pour sa prévôté ; 2° pour le sceau ; 3° pour l'écriture. Du reste, dans son *Commentaire sur la Coutume de Senlis*, art. 55, Bouchel donne au sujet de ces fermes toutes les explications désirables : les mots *Venditio, Locatio, Firma*, souvent employés ici, sont synonymes en cette matière.

Quant aux scribes et à leur écriture (chap. VII), même absence de règles fixes, dans le passé : les notes d'audience [1] sont rédigées par des employés arbitrairement choisis par le juge. Après les deux ordonnances de 1303, le choix des clercs est seul permis. Ces fonctions deviennent des fermes domaniales, comme les sceaux et par les mêmes ordonnances. En 1337 et 1485, les scribes sont nommés « clergiez, clergez » et leurs fonctions « clergies ». En 1521, les clergies sont érigées en titre d'offices sous le nom de Greffes. Les sceaux suivent le même destin en 1568, sous l'appellation de Gardes du scel.

Par les mêmes décisions royales, ou autres analogues, les exploits de toutes ces juridictions (chap. VIII), constituèrent aussi un monopole et une ferme. Dans l'origine, les baillifs employaient leurs domestiques à exécuter leurs mandements : de là vient, dit Pasquier, qu'on les nommait en latin « *serviens,*

---

[1] V. M. de Rozière, *op. cit.*, p. 16.

servientes », d'où sont venus, dans la suite, les sergents et les sergenteries.

Chapitre IX. — Trois cas de rachat, de relief et d'hommage féodaux font ressortir les noms de Robert d'Abbecourt, écuyer, et neveu de Guillaume de Flavacourt ; de Breton de Guiry, et de Perrinet de Domont, tous seigneurs du Vexin ou de l'Ile-de-France. Ces obligations féodales sont ainsi expliquées par Ricard et Bouchel, dans leurs *Coutumes de Senlis*. — Sur ce que doivent faire et payer vendeurs et acheteurs en ventes de fiefs ou censives : 1° notifier la vente — 2° payer les droits (relief, rachat, etc.) — 3° soy devestir ès mains dudit seigneur — 4° requérir par ledit acheteur être ensaisiné — 5° être reçu en foy et hommage — 6° payer les droits et lettres de ce : c'est-à-dire le chambellage — 7° lever lesdites lettres après devoirs faits... etc. « Relief, ou Rachapt, » dit Bouchel, art. 158, « est un droit..... deu au seigneur féodal par le vassal... et ce, pour l'entrée et nouvelle reconnoissance... »

Chapitre X. — Des amendes sont infligées à des échevins d'Attichy qui ont abusé de leurs prérogatives judiciaires.

Chapitre XI. — Deux forfaitures sont punies d'amendes. L'un des coupables a acheté et émis de la fausse monnaie. Un autre a tenté de se faire ensaisiner par le sire de Houdancourt, d'un maison acquise par le roi : en quoi il a manqué à tous les égards dus au souverain.

Chapitres XII, XIII, XIV. — Quatre forêts domaniales sont visitées par notre receveur.

Celle de Carnelle (*Crenella*) est ainsi appelée à cause du *Cairn*, monument mégalithique bien connu sous le nom de *Pierre Turquaise*[1]. Au XIIe siècle, cette forêt fait partie du comté de Beaumont-sur-Oise et prend le nom de Forêt-le-Comte. Avec ce comté, elle est réunie au domaine royal (1223) quand Thibault d'Ully, héritier de cette seigneurie, la cède à

---

[1] V. Notice sur ce monument, par l'Abbé Grimot, Pontoise, 1878.

Philippe-Auguste. Carnelle est comprise dans le douaire assigné par Saint Louis à Marguerite, sa femme, en 1260. Elle est exceptée des libéralités faites en 1339 à l'abbaye de Royaumont par Philippe VI de Valois. Dès lors jusqu'au XVIe siècle, elle paraît suivre le sort du comté de Beaumont qui est successivement donné en apanage à divers princes royaux [1]. En 1375, Carnelle est évaluée à 800 arpents de haute futaie et 447 de taillis [2]. En 1527, François Ier engage le comté au connétable Anne de Montmorency, sous certaines réserves ; il reste dans cette famille jusqu'en 1622, pour passer en différentes mains et revenir en 1705 à l'une des branches de la Maison de Condé, Louis de Bourbon, prince de Conti, dont la descendance le conserve jusqu'en 1789.

Carnelle a fait retour au Domaine, sous l'inspection de Paris ; sa contenance est d'environ mille hectares ; elle appartient au département de Seine-et-Oise, arrondissement de Pontoise, cantons de L'Isle-Adam et de Luzarches.

A l'origine, Halatte elle-même ne se distingue ni d'Ermenonville, ni de Chantilly ; ce massif forme la partie occidentale de la *Sylva Cotia*, qui embrasse tous les groupes sous son appellation générique [3]. Dès les temps carolingiens apparaissent les dénominations particulières ; aux XIIe et XIIIe siècles, sous les Gruyers, les noms de *Halata, Cuisia, Lesgua, Retia*, deviennent usuels ; en 1346, ils sont consacrés par les Maîtrises [3]. Parmi les dix sièges créés ou réorganisés, quatre sont attribués à la forêt qui nous occupe et attestent son importance. Les chefs-lieux sont : Senlis pour Halatte ; Compiègne pour Cuise ; Choisy pour Laigue [4] ; La Malemaison (Villers-Cotteretz) pour Retz [5]. Quelques-uns de ces sièges,

---

[1] V. Moréri, Verb. Beaumont. — Le P. Anselme, t. VIII.

[2] *Les Comtes de Beaumont*, par Doüet-d'Arcq, dans *Mém. Soc. Antiquaires de Picardie*, t. IV.

[3] Carlier, I. 50 à 65 : II, 275.

[4] Graves, cantons Attichy, Compiègne, Crépy, Pont, Ribécourt et Senlis.

[5] Carlier, I. 279 et table.

disons-nous, donnèrent lieu à une simple réorganisation : notre document donne, en effet, le titre de *Magister Forestarum et Aque* (art. 114) à défunt messire Oudart de la Consigne, quatorze ans avant l'ordonnance constitutive. Il nous montre, en outre (chap. XII), trois gardes (*Custodes*) de Cuise et Laigue exerçant leurs fonctions de police judiciaire par devant un juge compétent.

Avec les deux derniers chapitres, nous abordons les produits directs du sol forestier. 1° Les ventes (*Vende Boscorum*) : dans le langage professionnel ce mot signifie l'adjudication faite d'une certaine étendue de bois à couper, comme cette étendue elle-même. Le prix dû par chaque adjudicataire est payable en plusieurs termes, dont le nombre varie de 2 à 9 ; aujourd'hui il est uniformément de cinq. Le principe même d'un tant pour cent additionnel est déjà méthodiquement appliqué sous le nom de *droit de cire (cera)* : c'était une rétribution que certains officiers avaient le droit de prélever pour leurs vacations, ou assistances à des opérations. La quotité en est fixée ici à 2 sols 6 deniers pour livre du principal ; en 1669, elle deviendra le sol pour livre, et de nos jours le décime pour franc. 2° La seconde série se compose des *Menus-Produits*, visés sous le nom de *menus-marchés*, par l'ordonnance de 1669.

Les *Cadibuli*, ou Chablis, occupent douze articles (89, 99-109). Ils consistent dans tous les débris de troncs et de branches qu'une cause quelconque a projetés sur le sol.

Les *Rupti* (Rompis, ou Rompus, art. 90, 110, 111, 113) sont ces mêmes troncs brisés, mais tenant encore au sol par leur base. Nos bûcherons les nomment *Hacquots*.

Les *Remansilia*, autrefois les *Remaissances*, aujourd'hui les *Rémanans*, sont les cîmes, branches, copeaux, en un mot tous les résidus provenant d'arbres abattus et façonnés pour l'industrie.

Arbores caditi, ou arbres-chablis, sont ceux qui ont été renversés et arrachés avec leurs racines (art. 98, 112).

Mehamenti, Merreni (96, 97, 114) sont des arbres qui ont été façonnés pour divers usages industriels : le mot *merrain* est expliqué dans tous les dictionnaires.

La superficie de chacune de ces exploitations était assurément déterminée par des arpentages antérieurs, puisque nous en voyons quelques-unes soumises à une mensuration nouvelle (*de novo mensurata*, art. 90, 110).

Des palissades forestières (art. 90, 97, 105, 107, 110), formant enclos, étaient dressées en différents lieux; elles avaient pour but de protéger la végétation naissante contre le gibier ou les abus du droit de paisson. Les jeunes taillis (*juvenes vende*) étaient, sans doute, l'objet particulier d'une sollicitude bien justifiée : l'une de ces tailles est qualifiée « *de gasteriis* », en gâtine, qui correspond au terme moderne de *taillis-abroutis*, c'est-à-dire ravagés.

Enfin, sept des ventes qui précèdent font partie de propriétés ecclésiastiques. Ce sont néanmoins les officiers du roi qui en opèrent la vente, en surveillent l'exploitation, en perçoivent les deniers. Les droits de la Couronne sur les bois des Ecclésiastiques et Gens de main-morte, remontent aux premiers temps de la monarchie; ils ont été réglés par de nombreuses ordonnances. D'ailleurs le Domaine possède ici des privilèges particuliers, qui nécessiteraient quand même le concours de ses agents. C'est, d'abord, le Tiers et Danger (*Tertium cum dangerio* — art. 87). Ce droit féodal est fort ancien et souvent visé dans les ordonnances. Il consiste à prendre le dixième en sus du tiers [1].

Quant aux bois de l'Evêque de Senlis, la plupart doivent le quart (*quartam partem*) de leur produit.

Le Moncel lui-même ne peut vendre quelques merrains avariés (art. 114) que par l'intermédiaire des gens du Roi.

---

[1] V. Littré, verb. *Danger*.

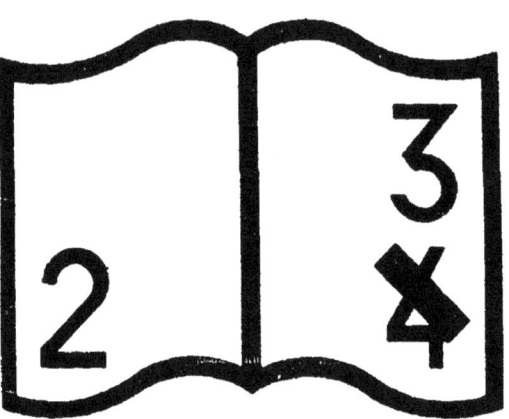

Pagination incorrecte — date incorrecte
NF Z 43-120-12

TEXTE DU COMPTE

. . . .
. . . . Summa : IIII^{xx} libre XVIII denarii. . . . .

I.

1 **Redditus mobiles.** — De domaniis de cruce santi Audoeni venditis Johanni destre : pro secundo et tertio
2 nono, VIII libre. — De maioria Petre fontis quam tenet Petrus limoynes . . . .
3 . . . . de Retheulg quam tenent Bynetus mennart de Retolio et Dionysius maunier de beroigneis : pro secundo
4 et tertio nono, XVII l. VI s. VIII d. — De maioria Sancti Stephani et de Royliaco quam tenet Ro. . . . . . .[1] laye :.
5 pro secundo et tertio nono, VI l. VI s. VIII d.— De maioria de valle quam tenet Johannes hanniet : pro sexto et sep-
6 timo nono, XII l. XIII s. IIII d. — De maioria de Colosi quam tenet philippus le potier : pro secundo et tertio nono,
7 CX. . . . . . .[2]. — De maioria de Croutoy quam tenet Arnulphus maior : pro secundo et tertio nono, LXXIII s.
8 IIII d. — De maioria cuisie quam tenet Johannes crespini
9 pro secundo et tertio nono, LXVI s. VIII d. — De maioria de troiliaco et de brolio, quam tenet Petrus serviens de ponte sancte maxencie : pro secundo et tertio nono, XX s.
10 — De maioria de mortuo fonte quam tenet Johannes bur-
11 serus : pro secundo et tertio nono, LX s. — De maioria de Jausi quam tenet Johannes de moncellis : pro secundo et
12 tertio nono, IIII l. XIII s. IIII d. — De pedagio de Jausi, quod tenent Johannes marescalli et Girardus de marcheriis de compendio : pro quinto et sexto nono, VII^{xx}XV l. XI s. II d.
Summa : II^c LXI l. IIII s. VI d.

---

[1] Avarie du texte.
[2] Idem.

II.

13 **Choisiacum. — Redditus ad hereditatem.** — De censu domus Willermi sutoris in fossatis Regis apud choisiacum : pro termino nativitatis beati Johannis baptiste :
14 pro medio, VIII s. — De censu Andree bichon, loco pre-
15 dicto : ad hunc terminum, IX s. — De censu domus Symoneti baret de novo facta in fossatis Regis : pro tercio, V s.

Summa : XXII s.

III.

16 **Redditus mobiles ibi** videlicet. — De pedagio per aquam quod tenet Reginaldus Widerue : pro octo et ultimo nono, XII^{xx} XV l. XI s. II d.

Summa per se.

IV.

17 **Thorota — Redditus ad hereditatem.** — De supercensibus domus Petri malendinarii : pro medio, X s.

Summa per se : X s.

V.

18 **Redditus mobiles ibi.** — De molendino quod tenet Johannes sirot : pro duobus terciis VI modiorum VI minarum bladi molture ad mensuram dicti loci, vigenti
19 solidis pro modio, VI l. X s. — De furno ibi quam tenet
20 boitel : pro secundo et tercio nono, VII l. — De esclusa ibi quam tenet Oudart fieve : pro secundo et tercio nono,
21 LXVI s. VIII d. — De theloneo ibi quod tenet Petrus salverii : pro secundo et tercio nono, IIII l. VI s. VIII d. —
22 De maioria de Camberonne quam tenet Philippus louvet :
23 pro secundo et tercio nono, LX s. — De piscaria aque subtus molendinum quam tenent Baltarius piscator et dictus
24 syrot, pro secundo et tercio nono, X s. VIII d.— De septem arpentis prati, ante navem de montmaquez situatis, domino

Symoni de dargies traditis ad firmam usque ad novem annos : nichil ad hunc terminum quia reddentur ad omnem summam. — De quatuor arpentis prati in guarenna situatis, Petro raudie, Johanni louvet et Roberto bourriere usque ad tres annos traditis, nichil hic quia reddentur ad omnem summam. — De vendis ibi quas tenet Guiardus foucardi, pro ultimo nono, XIX s. — De eisdem per dictum Guiardum : pro primo nono, XIX s. — De exitibus et leveiis terre de malo curso, levatis et explectis per Egidium de sorello, servientem Regis, ad hoc deputatum, a festo nativitatis beati Johannis baptiste anno CCC° I°, usque ad eamdem nativitatem anno CCC° XXX° II°, redibentiis quibus dicta terra annuatim oneratur, ac aliis expensis, reparationibus domorum ibidem necessariis deductis [per] partes in quodam rotulo sub sigillo dicti Egidii curie tradito (cum aliis similibus in sacco [contentis]? prepositi foranei) [1] : IIII^{xx} XII l. XVII s. VII d. parisienses, I turonensis, et ob. parisiensis.

Summa CXIX l. IX s. VIII d. [pict...] [2].

VI.

Sigilla et Scripture ballivie Silvanectensis —

De scriptura prepositure silvanectensis, quam tenet Symon prepositi, ad vitam, precio de XLVIII libris parisiensibus per annum, de dono domini Regis philippus [3], XXV^a die julii anno domini M° CCC° II°, (dato prima die Augusti CCCX, et per alias litteras confirmationis datas XXV^a die Julii CCCXXXII, quarum transcripta recognovimus) [4] : pro duobus terciis, XXXII l. — De sigillo ibi quod tenet predictus Symon : pro primo et secundo nono, LIII l. VI s. VIII d. — De sigillo et scriptura calvi montis, insimul venditis Guillelmo postel : pro secundo et tercio nono,

---

[1] Addition en interligne et d'une lecture difficile.
[2] Lecture incertaine.
[3] Sic.
[4] Comme note 1re.

32 IIII×× XIII l. V s. VIII d. — De scriptura prepositure pontis [are], quam tenet dominus firminus de gournayo ad vitam precio de XL l. per annum : pro duobus terciis,
33 XXVI l. XIII s. IIII d. — De sigillo ibi tradito michaeli de sancto petro, burgensi de pont[isara] in garda per domi-
.34 num Regem : ad hunc terminum, LVI libr. — De sigillo belli montis vendito Johanni corderii de bello monte : pro
35 tercio et quarto nono, XL l. — De scriptura ibi quam tenet Johannes candellarius : pro tercio et quarto nono,
36 LXVI l. XIII s. IIII d. — De sigillo pontis sancte maxencie, quod tenet Colardus fabri : pro secundo et tercio nono,
37 VIII l. XVII s. IX d. ob. — De scriptura ibi quam tenet michael guerin : pro secundo et tercio nono, CVI s. VIII d.
38 — De sigillo prepositure compendii quod tenent Relicta et heredes defuncti Petri le baquier: pro sexto et septimo
89 nono, XL l. — De scriptura compendii, quam tenere solebat Rogerus vitardi ad vitam ipsius : a secunda die januarii qua die obiit usque ad eandem, pro XXX diebus, VI s. per diem ad precium de CX l. per annum, sub quo precio idem Rogerus scripturam tradiderat predictam Johanni larde,
40 IX l. — De eadem scriptura de novo vendita predicto Johanni : pro primo nono, XXXIII l. VI s. VIII d. —
41 De sigillo bestisiaci et verberie, quod tenet Johannes patoure : pro secundo et tercio nono, XVII l. VI s. VIII d.
42 — De scriptura ibi quam obtinere solebat predictus Rogerus ad vitam, a secunda die Januarii, qua die obiit, usque ad sanctum Johannem, quam quidem scripturam idem Johannes tradiderat Symoni de turre ad firmam ad precium de XXII l.
43 per annum; IX l. II s. VI d. — De sigillo et scriptura petre fontis insimul venditis Roberto de nova villa: pro quarto et quinto nono, XLVI l. XIII s. IIII d.

·Summa : V c. XXXVII l. XIII s. VIII d. ob.

VII.

Scripture Clericaturarum coram Ballivo et prepositis ballivie silvanectensis confecte. —

44 De scriptura coram Ballivo silvanectensi, quam tenet Girardus saure de ponte, clericus Ball [ivi silvanectensis]

45 pro secundo et tercio nono, XL l. — De scriptura coram preposito foraneo silvanectensi : nichil, quia datur Johanni
46 loqueti ad vitam — De scriptura coram preposito ville silvanectensis quam tenent Robertus.....¹ et Rogerus furnarius : pro secundo et tercio nono, CVI s. VII d. —
47 De scriptura coram preposito Calvi montis quam tenet Robertus claudus ad vitam : pro duobus terciis, IIII l. —
48 De [scriptura coram preposito de] pont [isara]² quam tenet flouretus barberius : pro secundo et tercio nono, XXI l. VI s. VIII d. (Dehinc ista summa XXI l. redit ad istam CCCXXXVI l., pro indebitis : hic redditur, eo quod reddi
49 dicitur etiam in firma prepositure)³. — De scriptura coram preposito Belli montis quam tenet Johannes blesus : pro
50 secundo et tercio nono, X.....⁴. — [De scriptura coram preposito]⁵ pontis Sancte maxencie, quam tenet herbelinus brilliart : pro secundo et tercio nono, LXVI s. VIII d. —
51 De scriptura coram preposito foraneo de compendio, nichil, quia datur.....⁵ (sic carentia ponentur cum litteris huius
52 computi)⁶ — .....⁷ coram preposito bestisiaci et verberie, quam tenet philippus de serrens : pro secundo et tercio
53 nono, IIII l. — De scriptura coram proposito petre fontis :
54 nichil quia dat.....⁸. — De scriptura coram preposito compendii infra villam, quam tenet Guillotus rouart : pro secundo et tercio nono, X l. XIII s.

Summa : VI c. LXII l. VI s. XI denarii, obol. ⁹.

VIII.

Explecta prepositurarum baillivie silvanec-
55 **tensis.** — De explectis prepositure foranee silvanectensis quam tenet S............................¹⁰.

1.-4.-5.-7 Avaries du texte.
² Idem et abréviation du nom de Pontoise.
³ Mention mise au dessus, en interligne.
⁶ Comme note 3º.
⁸ Avarie du texte.
⁹ En marge : VI c. IIII l. XIII s. IIII d.
¹⁰ Avarie du texte.

56 — .....¹ tenet Guiardus barre : pro tercio et quarto nono,
57 IIII^{xx} XIII l. VI s. VIII d. — De explectis prepositure Calvi montis quam tenet Sym.... ....².
58 — .....³ Renardus fourre de pontisara : pro septimo et
59 octavo nono, II c. LXVI l. XIII s. IIII d. — De prepositura Villennie in prepositura de pontisara.......... ...⁴.
60 — De explectis prepositure belli montis quam tenet henricus godemen : pro septimo et octavo nono, CVI l. XIII s. III d.
61 — De explectis prepositure chambliaci quam tenet .....⁵,
62 — De explectis prepositure pontis sancte maxencie, quam tenet Johannes li plastriers de ponte sancte maxencie : nichil, quia redduntur superius cum aliis redditibus dicte
63 prepositure.....⁶. — .....⁷ Compendiensis, quam tenent Johannes de crispeyo et matheus de Vally : pro tertio et
64 quarto nono, XII^{xx} XV l. XI s. II d. — De explectis prepositure compendiensis quam tenent Thomas de couduno et Petrus de pavone : pro sexto et septimo nono, II c. lib. —
65 De explectis prepositure petre fontis quam tenent Wermondus darcourt et eius frater : pro.....⁸ IIII c. XXII l.
66 IIII s. V d. — De explectis prepositure thorote quam tenent Johannes de crispeyo et matheus doillies : pro
67 secundo et tercio nono, VI l. — De explectis prepositure choisiaci, nichil quia venduntur.....prepositure compendii.
68 — De explectis [prepositure]⁹ bestisiaci et verberie, quam tenet Petrus dictus compere, pro tercio et quarto nono, CVI l. XIII s. IIII d.
Summa : II m. II c. XXXIX l. VI s. IV d.

IX.

69 **Rachata et Releveya.** — De homagio quod fecit domino Regi Robinetus de Abbecourt, scutifer, de XXX libris terre ad partes quas habet in et supra maioria de calido monte in welcassino de dono Guillelmi de flavacurte, avunculi sui, sibi facto : pro rachato dicte terre, pro toto,

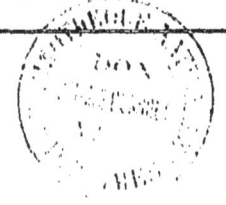

1.-2.-3.-4.-5.-6.-7.-8 Avaries du texte.
⁴ Mot oublié.

XXX l. (Iste XXX l. capiuntur super Regem, inter partes tornatas huius computi, per litteras Regis de dono) [1]. —
70 De rachato terre Britonis de Guiry, in prepositura Calvi montis, que sibi devenit ex successione patris sui : pro toto, XLVI l. XIII s.—
71 De homagio quod fecit domino Regi Perrinetus domont, armiger, de IIII^{xx} libris terre quas habet super preposituram de calvo monte, de dono dicti domini Guillemi : IIII^{xx} lib. (Iste IIII^{xx} l. capiuntur super Regem inter partes tornatas huius computi, inter dona.) [2].

Summa : VII^{xx} XVI l. XIII s.

X.

72 **Emende.** — De emenda Symonis de Ruppe et Guioti le Mannier, olim eschevinorum ville datechi, in qua condempnati sunt erga dominum Regem per homines castri petre fontis, occasione cuiusdam sentencie per eosdem date in curia domini de Atechi, a qua extitit appellatum : deductis LX s. pro jure prepositi, LVII l.

Summa per se.

XI.

73 **Forefacture.** — De residuo forefacture bonorum theobaldi de Ermenonvilla, apud silvanectum commorantis et ibidem iusticiati, pro eo quod emerat falsas monetas et allocaverat easdem, de qua forefactura compulsus fuit ad ascencionem anno trecentesimo pro parte eiusdem LXXVIII libr., XIII solid. fortis monete pro dicto residuo, deductis expensis in quadam cedula sub sigillo commissariorum in hac parte deputatorum curie tradita plenius contentis : pro toto, XXXVI l. III s. VI d. (corri-
74 gimus, et debet demum XXII l.) [3] — De venda cuiusdam domus que fuit Colardi hequet de bernolio, alias Johanni dicto le Roy de Bernolio per ipsum Colardum vendite, et

---

[1] Mention écrite au dessus du texte, en interligne.
[2] Idem.
[3] Mention écrite en interligne.

postmodum domino Regi acquisite, pro eo quod idem Colardus introduxerat per dictum Johannem ut iret ad saizinam domus huiusmodi recipiendam per manum Johannis de houdencurte armigeri, licet dicta domus teneretur a domino Rege, sic jus domini Regis fraudulenter et dolose usurpando, et pro quo delicto compulsus fuit de emenda ipsius ob hoc levata ad ascencionem ultimam LX l.: pro venda dicte domus sic forefacte, pro toto, XII l.

Summa : XLVIII l. IIII s. VI d. paris.

XII.

Minuta Explecta forestarum cuisie et lesgue. —
75 De explectis foreste Cuisie levatis et explectis per Petrum venatorem et Petrum de sancto Johanne ad hoc contra partes, in quadam cedula curie tradita : XXIII l. V s. —
76 De explectis foreste lesgue levatis et explectis per Johannem de mapis, custodem dicte foreste, ad hoc contra partes in quadam cedula curie tradita sub sigillo dicti Johannis confecta : XII l. XI s.

Summa : XXXV l. XVI s.

XIII.

77 **Vende boscorum.** — De venda bosci foreste halate, quam tenent Albericus le charbonnier et Bertaudus de labove et eorum socii : pro quarto [et] octavo nono: III c. IIII^{xx} XVIII l. XIIII s.; et de IX^{xx} IX l. cum tertia parte unius libre cere II s. VI d. pro libra : XXIIII l.
78 XVIII s. IIII d. — De venda foreste Cuisie, loco dicto mons bestisiaci, quam tenet Radulphus bille en bouche : pro tercio septimo, II c. LXIII l. XI s. II d. ob.; et de VI^{xx}XI. l. cum dimidia et cum quarta parte unius libre cere II s. VI d.
79 pro libra : XVI l. IX s. IIII d. ob. — De venda foreste lesgue, loco dicto engoulevent, quam tenent heredes et uxor henrici biset : pro ultimo tercio, LIX l. IIII s. III d.; et de XXIX l. et dimidio, adiuncta parte unius libre cere, II s. VI d. pro libra : LXXIIII s. — De venda foreste
80 Cuisie loco dicto la forestelle, quam tenent predicti heredes : pro tercio septimo, IIII^{xx} XVIII l. V s. VIII d. ob.; et de

XLIX libris et octava parte unius libre cere, II s. VI d.
81 pro libra : VI l. II s. X d. — De venda foreste Cuisie, loco dicto lescharbot, quam tenet Oudart doularriz : pro tercio
82 quinto cum cera, LXXV l. III s. VI d. — De venda foreste Cuisie, loco dicto cauda sancti stephani, quam tenent Johanna relicta philippi servientis, Petrus et Jacobus eius liberi : pro tercio sexto, IX^{xx} XIII l. XX d.; et de IIII^{xx} XVII l. cere II s. VI d. pro libra : XII l. II s. VI d.
83 — De venda foreste Cuisie, loco dicto fontenay, quam tenet Guillelmus bailliet de hamencurte : pro tercio septimo VIII^{xx} IIII l. IIII s. VIII d.; et de IIII^{xx} II l. et octava parte unius libre cere, II s. VI d. pro libra : X l. V s. IIII d.
84 — De venda foreste Cuisie, loco dicto le Chesnoy de bestisi, quam tenet Radulphus bailliet : pro secundo octavo, VI^{xx} l. IX d.; et de LX libris cere, II s. VI d. pro libra :
85 VII l. X s. — De venda foreste Crenelle, loco dicto la miniere, quam tenent Johannes de silvanecto et Johannes de chesneyo : pro tercio quinto, III c. VI l. XVIII s.; et de VIII^{xx} XIII libris cum dimidia libra cere, II s. VI d.
86 pro libra : XIX l. III s. VII d. ob. — De venda foreste Crenelle, loco dicto platea rosearum et subtus magnam touffam : pro tercio sexto, VIII^{xx} XIII l. XII s.; et de IIII^{xx} VI l. cum dimidia et quarta parte dimidie libre[cere],
87 II s. VI d. pro libra : X l. XVII s. — De venda boscorum hospitalarium in foresta halate, loco dicto Cauda doingnon, quam tenent Johannes de pratello et Bertaudus de scola, in qua dominus Rex habet terciam partem cum dangerio :
88 pro tercio sexto, LXI l. XVII s. IIII d. — De venda boscorum sancti christofori in halata, quam tenent Guillelmus toussine et Johannes molendinarius de vernolio, pro quarto
89 quinto : XXX l. XV s. VI d. — De quodam cadibulo cadito in foresta Cuisie, inter cheminum de crespeyo et cheminum de sancto Johanne, vendito Johanni veron de Compendio :
90 pro secundo tercio, cum cera, XXI l. V s. — De Ruptis vende de novo mensurate in foresta lesgue, loco dicto clausus martini, venditis Johanni bertrandi de ponte, cum
91 cera, pro ultima medietate : CIX s. VI d. — De venda boscorum Episcopi silvanectensis in foresta halate, quam

tenet martinus le cercelier, sita loco qui dicitur lez defoiz, in qua dominus Rex habet quartam partem : pro ultima medietate pro termino nativitatis domini, XXXVIII l. —
92 De alia venda boscorum dicti Episcopi in eadem foresta, loco dicto les bateiz de male geneste, quam tenet predictus martinus le cercelier, pro ultima medietate pro termino
93 nativitatis domini : XVI l. XII s. V d. — De venda boscorum Episcopi silvanectensis, in qua dominus Rex habet quartam partem, vendita Guiardo molevit de sancto christoforo, pro termino nativitatis domini ultimo, pro prima
94 medietate : XII l. III s. IX d. — De venda boscorum dicti Episcopi, sita in loco qui dicitur calceya, in qua dominus Rex habet quartam partem, vendita petro de Atrio et heberto de plesseyo, pro prima medietate, pro termino nativitatis domini ultimo : XXIIII l. VIII s. II d. ob. —
95 De venda foreste lesgue, loco dicto le gros chesnoy, quam tenet Guillelmus bailliet de hemencurte, pro primo septimo : VI^{xx}X l.; et de litteris, LI s.; et de LXV libris cere
96 II s. VI d. pro libra : VIII l. II s. VI d. — De remansiliis quadrigatis bosci, quas capiunt Religiosi de pissiaco ad hereditatem in foresta Cuisie, venditis clementi galot de petra fonte, cum quinque mehamentis et cera : pro prima medietate, XXIIII l. (redditur alia medietas in computo
98 sequenti, ad summam)[1]. — De remansiliis trium arpentorum et XLIX virgarum bosci liberati pro clausura arpentorum ad dona statutorum de novo in Cuisia prope domum de veteribus molendinis, venditis Colino blomer de Compendio cum quinque mehamentis : pro toto, XIX l. X s. —
98 De venda XLVI arborum, tam quercuum quam aliorum arborum, in dicta foresta Cuisie caditorum, fractorum et versatorum in cadibulo Johannis pelerin, venditorum Johanni dicto le Roy Auberon de bestisi : pro toto, X l.

Summa : II m. III c. LIX l. XIII s. XI d. ob.

---

[1] Mention mise en interligne.

XIV.

99 **Alii Cadibuli in foresta Cuisie caditi.** — De quodam cadibulo vendito Guillelmo pinsot, in dicta foresta cuisie cadito, loco qui dicitur mons bestisi in longo vende Johannis pelerin, contiguo chemino de crispeyo et chemino verberie ac petre fontis : pro ultimo sexto, cum cera, LVIII l. XX d. debilis monete valentes XXIX l. X d. fortis
100 monete. — De quodam cadibulo vendito Johanni de insula, cadito in dicta foresta, loco qui dicitur inter cheminum ad porcellos, prout se comportat usque ad rivum de perouses eundo apud compendium et usque ad primam vendam : pro ultimo sexto, cum cera, LXXIX l. XIII s. IX d. debilis monete valentes XXXIX l. XVI s. X d. ob. fortis monete.
101 — De ultimo cadibulo cadito in loco predicto eidem Johanni vendito : pro ultimo sexto, cum cera, VII l. XX d. debilis monete valentes LXXI s. VIII d. fortis monete. —
102 De quodam cadibulo vendito Colardo dieu et Johanni mauguim in dicta foresta cuisie, cadito loco qui dicitur inter rivum currentem de bellande prato Reginaldi de biere, inter cheminum ad porcellos et juvenes vendas de bellande : pro ultimo sexto, cum cera, LIX l. XVII s. I d. debilis monete valentes XXIX l. XVIII s. VI d. ob. —
103 De ultimo cadibulo loco predicto cadito : pro ultimo sexto, cum cera, CXIII s. IIII d. debilis monete valentes
104 LVI s. VIII d. fortis monete. — De quodam cadibulo vendito predicto Colardo in dicta foresta loco dicto inter rivum de bellande per quod itur prato Reginaldi de biere, inter cheminum ad porcellos et juvenes vendas : pro ultimo quarto, cum cera, XXVII l. X s. fortis monete. —
105 De quodam cadibulo vendito Johanni Blomeri, cadito in foresta cuisie loco qui dicitur pallicium de barris : pro ultimo quinto, cum cera, LX l. XVI s. VI d. debilis monete,
106 valentes XXX l. VII s. VI d. — De quodam cadibulo vendito Johanni poulliet, alias cordelle, cadito in dicta foresta loco dicto lande belin : pro ultimo quinto, cum cera, XXI l. V s. debilis monete, valentes X l. XII s. VI d. fortis

107 monete. — De alio cadibulo vendito predicto Johanni, cadito in dicta foresta loco qui dicitur palicium bernardi : pro ultimo quinto, cum cera, XXI l. V s. debilis, valentes
108 X l. XII s. VI d. fortis monete. — De alio cadibulo vendito predicto Johanni, cadito in dicta foresta loco qui dicitur molendinum sancti Johannis : pro ultimo quinto, cum cera, XXI l. V s. debilis monete, valentes X l. XII s. VI d. fortis
109 monete. — De quodam cadibulo de novo in foresta cuisie cadito loco dicto cauda sancti stefani, Colardo dieu et petro servienti vendito : pro secundo quinto, cum cera XLI l.
110 VIII s. IX d. — De ruptis cuiusdam vende de novo mensurate in foresta cuisie, in quibusdam tailliis de gasteriis, pro clausura loci qui dicitur crux de sentis contigua boscis Regis, venditis Johanni veron de compendio, cum cera,
111 pro ultima medietate, CI s. — De ruptis cuiusdam vende in foresta cuisie, loco dicto Ramepie, contigue ex parte una arpentis que fuerunt Comitis sancti pauli, venditis Johanni de Insula et Petro boulliet de cruce, cum cera,
112 pro ultima medietate : XXX l. XV s. — De LXVII arboribus venditis Johanni de insula in dicta foresta, caditis in cadibulo Johannis de Insula patris eiusdem : pro ultima
113 medietate, XV l. X s. — De ruptis vende in foresta Cuisie, loco dicto brun marchais, venditis theobaldo heron et Petro cordelle, cum cera : pro ultima medietate,
114 XLI l. II s. VI d. — De venda plurium peciarum veteris merreni putrefacti quod remanserat in Abbatia de moncello prope pontem de operibus ibidem factis, Petro de spinosis et Johanni de furno, facta per oudardum de consigno quondam magistrum forestarum et aque : pro toto, XVI l. debilis monete, valentes VIII l............[1].

---

[1] En marge ce total, qui indique que ce chapitre est complet : « CCCXXXVI l. XVI s. X d. ».

TABLE GÉNÉRALE

A

Abbecourt (Robertus, dominus de) scutifer. — C^{on} Noailles. 69

Albericus le Charbonnier. 77

Andree Bichon (census). 14

Arbores caditi. 98-112

Arnulphus (Maior tenens maioriam de Croutoy). 7

Atechi (Curia domini de). — Attichy. 72

B

Baillet (Guillelmus), de Hamecurte 83-95

——— (Radulfus). . . . 84

Baltarius Piscator . . . 23

Bateiz (les) (loc. dict. in Halata). — « Les Bâtis ». 92

Bellande (de) (loc. dict. in Cuisia). 102

——— Rivus de . . . . . id.

——— Vende Juvenes de id. 103-104

Belli montis (prepositura). — Beaumont-sur-Oise, C^{on} l'Isle-Adam S^e-et-Oise . . 34-35-49- 60

Bernolio (de). — Berneuil-s.-Aisne, C^{on} Attichy . 74

Berogneis (de). — Bérognes, ham. de Chelles, C^{on} Attichy. 3

Bertaudus de Labove. . 77

——— de Scola. . . 87

Bestisiaci et Verberie (prepositura). — C^{on} Crépy-en-Valois. . 41-52-68

——— Mons (loc. dict. in Cuisia) 78

Blomer (Colinus), de Compendio. 97

——— (Johannes). . . . 105

Brun-Marchais (loc. dic. in Cuisia) 113

Bynetus Mennart (tenens maioriam de Retolio). 3

C

Cadibuli in foresta Cuisie caditi. — Terme forestier « les Châblis ». 89-99-100-101-102-103-104-105-106-107

Calceya (loc. dict. in Halata), la Chaussée. . . . 94

CALIDO-MONTE, in WELCASSINO (maioria de). — Chaumont-en-Vexin . . 69

—— Prepositura. . .
. . . . 31-47-57-70-17

CAMBERONNE (maioria de). — Cambronne, C^{on} Ribécourt. 22

Cauda sancti Stefani (loc. dict. in Cuisia). — Voir Grav. C^{on} Attichy, p. 143 : « la Queue de S.-Etienne » 82-109

Census et Supercensus. .
. . . . 13-14-15-17

Cera (cum) : taxe additionnelle (sorte d'épices) qui, sous le nom de cire, était ajoutée au prix principal, dans les adjudications de bois . . . . . .
. . . . . Chap. XIII et XIV

CHAMBLIACI (prepositura). —C^{on} Neuilly-en-Thelle. 61

Cheminum (in Cuisia). . .

—— de Crespeyo. . . 89-99

—— Petre fontis 99

—— ad Porcellos. . . .
. 100-102-104

—— de Sancto-Johanne 89

—— Verberie. 99

Chesnoy (Le) de Bestisi (loc. dict. in Cuisia). 84-99

CHOISIACUM.— Choisy-au-Bac, C^{on} Compiègne . .
. . . . Chap. II et III

—— Prepositura. . . . 67

Clausura et Clausus. — Palissades forestières — v. Pallicium 90-97-110

Clemens GALOT, de petrafonte. 96

Colardus DIEU 101-102-104-109

—— FABRI 36

—— HEQUET, de Bernolio 74

COLOSI (maioria de).—Couloisy, C^{on} Attichy. . . . 6

Commissarii deputati. . 28-73

COMPENDII (Prepositura)
. . 38-39-40-51-54-63-64-67

CRENELLA (foresta de).— Forêt de Carnelle. — V. aussi Avertissement : notes sur les Chap. XII à XIV). 85-86

—— Platea Rosearum, et Subtus Magnam Touffam (loc. dict. in Crenella) 86

CROUTOY (Maioria de). — C^{on} Attichy 7

Cruce Sancti AUDOENI (de). — La Croix-St-Ouen, C^{on} Compiègne . . . 1

CUISIE (maioria).— Cuise-la-Motte, C^{on} Attichy . 8

—— (foresta). — Sur la forêt de Cuise ou de Compiègne, v. Graves. C^{on} Compiègne, p. 209 ; id. Atttichy, p. 142 ; id. Crépy-en-Valois, p. 211
. . . Chap. XII XIII XIV
. . . 75-78-80 à 89-97 à 113

—— (Custos) 76

CURIE (rotulus traditus).— Rôle mis en cour. . . . 28

Crux de Sentis (loc. dict. in Cuisia).— Croix des Sentes. 110

Custos (foreste Cuisie). . 76

D

Dangerium (cum tercia parte).—Taxe féodale du tiers, plus le dixième pour le danger 87

Dargies (Symon de).—Dargies, C^{on} Grandvilliers. V. Mém. Soc. Académ. Oise, t. XII, p. 802, où armes et références... 24

Defoiz (les) (loc. dict in Halata). — Deffaits-Défens, de *Defensus*, défendu « bois en défens ». 91

Dionysius Maunier (ou Mannier), de Berogneis. 3

Domaniis (de) 1

Domont (Perrinetus de), armiger. — Domont (ou Daumont) Seine-et-Oise C^{on} Ecouen 71

E

Emende.—Sur les *Amendes*, voir Bouchel, Commentaires ... etc. .... Chap. X, n°. 72-74

Engoulevent (loc. dict in Lesgua).—V. Grav. C^{on} Attichy, p. 139 : « le Goulevent » 79

Ermenonvilla.— C^{on} Nanteuil-le-Haudouin . 73

Estre (Johannes d'). — Jean d'Estrées, tenens domania de Cruce-St-Audoeni........... 1

Exitibus (de). — Voir Leveiis............ 28

Explecta prepositurarum Baillivie silvanectensis. — Sur les fermiers des exploits, voir Bouchel, Coutumes, article 55 et table ..... Chap. VIII

Explecta minuta forestarum ...... Chap. XII

F

Falsa moneta. — Sur les variations de la livre tournois depuis Saint-Louis, v. N. de Wailly, Mém. Acad. Inscript..... t. XXI, p. 177...... 73

Firminus de Gournayo (dominus) 32

Flavacurte (Guillelmus, dominus de).— Sur Flavacourt et ledit Guillaume, v. Graves, C^{on} Coudray-Saint-Germer, p. 48 69-71

Flouretus Barberius... 48

Fontenay (loc. dict. in Cuisia).......... 83

Forefacture.... Chap. XI

Forestelle (la) (loc. dict. in Cuisia).—V. Graves, C^{on} Crépy-en-Valois, p. 213 : « La Fortélle » .. 80

G

Gasteriis (tallie de) : « Taillis-abroutis ».— V. Avertissements notes sur le chapitre XIV.

Girardus de Marcheriis, de Compendio (tenens pedagium de Jausi)... 12

—— Saure, de Ponte, Clericus Ballivi Silvan. 44

Guiardus Barre (tenens explecta) .... 5$_6$

Guiardus FOUCARDI (tenens vendas in Thorota). 26-27

Guiardus Molevit, de St-Christoforo 93

Guillelmus PINSOT 99

—— POSTEL (tenens Sigil. et Script. Calvi-Montis) 31

—— TOUSSINE 88

Guiotus ROUART (tenens Script. P^{ture} Compendii). 54

—— le Mannier (Eschevinus de Atechi). 72

Gros Chesnoy (le) (loc. dict. in Lesgua). 95

Guarenna (loc. dict. in Thorota 25

GUIRY (Britonis de) terra, in pp^{ture} Calvi-montis.— Guiry, C^{on} Marines, S^e-et-Oise 70

H

HALATE (foresta).—Sur la forêt de Halatte. V. Grav. C^{on} de Senlis, p. 221; C^{on} de Pont-Ste-Maxence, p. 220 et A. Maury : Forêts de la Gaule. 77

HAMENCURTE (de). — Hamécourt, hameau de Bornel, C^{on} Méru . . . 83-95

Hebertus de PLESSEYO . 94

Henrici BISET (uxor et heredes) 79

—— GODEMEN (tenens explecta Belli montis) . 60

Herbelinus BRILLIARD (tenens scripturam Pontis-S^e-Maxencie) 50

Hereditatem (redditus ad). — Voir Avertissement, § IIe . . . . . . Chap. II-IV

Homagium.— V. Bouchel, Commentaires sur Coutumes 69-71

Hospitalarium (bosci), in Halata.— Sur cet Hôpital, cfr. Graves, C^{on} Senlis, p. 189 et M. Müller, Rues... de Senlis, p. 315 et suiv. : *Hôpital St-Martin* 87

HOUDENCURTE (de) Johannes, armiger.—Houdancourt, C^{on} Estrées-St-Denis, v. l'abbé Morel : Houdencourt : Seigneurie p. 20. 74

J

Johannes BERTRANDUS, de Ponte 90

—— BLESUS (tenens scriptur. Belli-Montis). 49

—— BURSERUS (tenens maioriam de Mortuo-Fonte). 10

—— CANDELLARIUS (tenens scriptur. de Bello-Monte). 35

—— de CHESNEYO . . . 85

—— CORDERII, de Bello-Monte (tenens Sigillum ibi) 34

—— CREPIN (tenens maioriam Cuisie). 8

—— de CRISPEYO. . . 63-65

—— de FURNO 114

—— de INSULA 100-101-111-112

—— de HOUDENCURTE : v. ce mot. 111-112

Johannes Larde (tenens script. Compendii) . 39-40
—— Loqueti (tenens scriptur. Prepos. foran. Silvan.) 45
—— Louvet 25
—— de Mapis (Custos foreste Cuisie). 76
—— Marescalli (tenens pedag. de Jausi). . 12
—— Mauguin 101
—— Molendinarius, de Vernolio. 88
—— de Moncellis (tenens Maioriam de Jausi). 11
—— Patoure (tenens Sigil. Bestisiaci). 41
—— Pelerin 98-99
—— li Plastriers, de Ponte-S°-Maxencie (tenens explecta ibi) . . . 62
—— Poulliet, alias Cordelle . . . . . 106 à 108
—— de Pratello . . . 87
—— dictus le Roy Auberon de Bestisi. 98
—— dictus le Roy de Bernolio. 74
—— de Silvanecto . . 85
—— Sirot (molendinarius) 18-23
—— Veron, de Compendio. 89-110
Jausi (maioria et pedagium).—Jaulzy, C°ⁿ Attichy. . . . . 11 et 12

L

Lande Belin (loc. dict. in Cuisia).— V. Grav., C°ⁿ Compiègne, p. 218 : « La Lande-Blin » 106
Le Mannier. v. Guiotus .

Lescharbot (loc. dict. in Cuisia). 81

Lesgue (foresta).— Sur la forêt de Laigue, voir Graves, C°ⁿ Compiègne, p. 231 ; id. Attichy, p. 139 ; id. Ribécourt, p. 99, et Carlier . . . . Chap. XII, n°. 67-79-90-95

Leveiis (de). — Reliefs : droit payé au seigneur par le vassal, pour certaines mutations : ainsi dit parce que, par le paiement, le vassal relevait le fief (Littré) . . . 28

M

Magister Forestarum et Aque. 114
Maioriæ. . . . . 2 à 12-22-69
Malo Curso (terra de).— Maucourt, C°ⁿ Guiscard. 28
Martinus le Cercelier. . 91
Matheus Doillies. 65
—— de Vally 63
Mehamentum (terme forestier : v. Merrenum). 96-97
Mensurata (Venda..., de novo) 90-110
Merrenum (al. Mehamentum) : Merrain. 114
Michael Guerin. 36
—— de S°-Petro, burgensis de Pontisara (tenens Sigil. ibi). 33
Miniere (loc. dict.) dans la forêt de Carnelle 85

Molendinis Veteribus (domus de) in Cuisia. — Vieux-Moulin, C^{on} Compiègne 97

Molendinum S^{ti}-Johannis (loc. dictus in Cuisia) . . 108

MONCELLO (de) Abbatia.— Sur l'Abbaye du Moncel, v. Graves. C^{on} Pont-Ste-Maxence 114

Moneta fortis. 73
—— debilis . . . . . 99 & 109

MONTMAQUEZ (ante navem de). — Montmacq, C^{on} Ribécourt 24

MORTUO-FONTE (maioria de). — Mortefontaine, Aisne, C^{on} Vic-sur-Aisne. 10

O

OINGNON (cauda d') (loc. dict. in Halata).— Voir Grav. C^{on} Senlis, p. 88 et 222, pour le bois St-Jean, dit « la Queue d'Ognon » 87

Oudardus de CONSIGNO (quondam Magister forestarum) 114

Oudart DOULARRIZ (du Larris) 81
—— FIÉVÉ (tenens esclusam Thorote) 20

P

Pallicium de Barris (loc. dict. in Cuisia).— Palissade forestière : v. Clausura 105
—— BERNARDI 107

Pedagio de JAUZI (de).— Sur le péage en rivière à Jaulzy : v. Carlier 12
—— Per aquam (de) . . . 16

Perouses (rivus do) eundo apud Compendium (in Cuisia) 100

PETREFONTIS (Maioria).— Pierrefonds, C^{on} Attichy 2
—— Prepositura . . 43-65
—— Homines Castri . . 72

Petrus de ATRIO 94
—— le BAQUIER (Relicta eius tenet Sigil. Compendii) 38
—— BOULLIET, de Cruce. 111
—— dictus COMPÈRE . . . 68
—— CORPELLE 113
—— LIMOYNES (tenens Maioriam Petre-Fontis). 2
—— MOLENDINARIUS . . 17
—— de PAVONE (tenens explecta Compendii) . . . 64
—— RAUDIE 25
—— SALVERII (tenens theloneum Thorote) . . . 21
—— de S°-JOHANNE (tenens explecta for^e Cuisie) 75
—— de SPINOSIS 114
—— SERVIENS, de Ponte-S^e-Maxencie (tenens Maior... de Troiliaco. — Pierre-le-Sergent). V. M. de Rosière, Assises de Senlis 9-109
—— VENATOR (tenens explecta for^e Cuisie) . . 75

Philippus LOUVET (tenens Maioriam de Cumberonne) 22

Philippus le POTIER (id. de Colosi) 6

—— de SERRENS (tenens Maioriam Bestisiaci) 52

—— SERVIENS (Relicta eius) 82

PISSIACO (Religiosi de).— de Poissy, S°-et-Oise . . 96

PONTISARA , Pontoise Seine-et-Oise . . . . . .

—— Prepositura . . . . 32 et 33 48-58

PONTIS SANCTE MAXENCIE 9

—— Sigillum 36
—— Scriptura 37
—— Prepositura 50
—— Explecta. 62

Pont-Ste-Maxence.

Prepositure . . . .
. . Chap. VI, VII, VIII, IX

R

Rachata (et Releveya).— v. Avertissement chap. IX 1-69-70

Radulphus BILLE-EN-BOUCHE 78

Ramepie (loc. dict. in Ouisia) . . . . . Chap. III

Reginaldi DE BIÈRE (pratum) 102-104

—— WIDERUE (tenens pedagium per aquam) . . 16

Remansiliis (de) quadrigatis bosci.— Terme forestier : « les rémanants » assez gros pour que l'aide d'un charriot soit nécessaire . . . 96-97

Renardus FOURRE, de Pontisara 58

RETHEULG (Maioria de).— Retheuil, C^{on} Villers-Cotterets, Aisne 3

Rex (Philippus). — Philippe IV, Le Bel; Philippe VI, de Valois. . . 29

—— (Dominus). 69-71-72-73

Regis jus in quibusdam boscis . 87-91-92-93-94-110

Redditus Mobiles . . . . Chap. I, n° 1 à 12; chap. III, n° 16; chap. V. 18 à 28

Robertus BOURRIÈRE . . . 25

—— (tenens scripturam Prepositure ville Silvan.) 46

—— de VILLA-NOVA (tenens scripturam Petrefontis) 43

—— CLAUDUS (tenens scripturam Calvi-montis) 47

Rogerus FURNARIUS (tenens scripturam coram Prep° ville Silvan) . . . 46

—— VITARDI (tenens scriptur. Compend.) . 39-42

Rotulus (Curie traditus) . 28

ROYLIACO (de).—V. S^{ti}-Stefani 4

Ruptis (de).—Terme forestier : « les Rompis (ou rompus) : v. Avertissement . . . 90-110-111-113

S

SANCTI CHRISTOFORI IN HALATA (bosci).—Sur ce prieuré, v. M. Müller, Rues... de Senlis, p. 530 . 88

SANCTI-PAULI Comitis
(bosci). 111

SANCTI STEFANI et de ROY-
LIACO (maioria). — St-
Etienne-les-Pierrefonds,
C^{on} Attichy 4

Scripture... ballivie silvanectensis Chap. VI,
. . . . n° 29 à 43

Scripture Clericaturarum,
coram Ballivo et Prepo-
sitis Ballivie silvanec-
tensis confecte. Chap. VII

SERVIENS (Sergent). . . 9-28

Sigilla... Ballivie silvanectensis . . . Chap. VII

SILVANECTUM (apud). —
Senlis 73-85

Silvanectensis (Ballivia,
Ballivus).—Chap.VI,n°29-30
Chap. VII, n° . . 44-45-46
Chap. VIII, n° . . 55-56

—— (Prepositure, Pre-
positi) . . . . Ibid.

—— Episcopi (bosci). .
. 91-92-93-94

SORELLO (Egidius de), serviens REGIS (sergent du
roi). — Sorel-le-Grand,
Somme, arrondissement
Péronne ou Orvillers-
Sorel, Oise, C^{on} Res-
sons-sur-Matz. 28

S. . . (tenens explecta prepositure foranee silva-
nectensis). 55

Sym... (tenens preposi-
turam Calvi-montis) . . 57

Symon BARET. 15

—— PREPOSITI (Symon
le Prévôt). 29-30

Symon de RUPPE (eschev.
de Atechi). . . . , . . 72

—— de TURRE (tenens
scripturam Verberie). . 42

T

Tailliis de gasteriis (de).—
V. Avertissem^t ch. XIV. 110

Theloneo (de) apud Tho-
rotam. — V. Avertisse-
ment, chap. V. 21

Tercia pars cum dangerio
« Tiers et danger ».—
V. Avertissement chap.
XIII 87

Theobaldus de ERMENON-
VILLA. 73

—— HERON. 113

Thomas de COUDUNO (te-
nens explecta Com-
pendii). — Coudun, C^{on}
Ressons.

THOROTA. — Thourotte,
C^{on} Ribécourt . . . . .
. . . . . . Chap. IV et V
. . . . . Prepositura. . 66

TROILIACO et BROLIO
(maioria de). — Trosly-
Breuil, C^{on} Attichy . . 9

V

VALLE (Maioria de).—1° La
Vallée, mais. isol.: v.
Graves, verb. Jaulzy,
C^{on} Attichy, ou 2° Le
Val, ibid. p. 73; annexes
de Genancout et la Ché-
noye, ham. de Cuise-la-
Motte. 5

VILLENNIE (prepositura).
—. Villennes, C^{on} de
Poissy, Seine-et-Oise . 59

Vende Boscorum.—Terme forestier : (ventes ou coupes de bois). Chap. XIII
—— de novo mensurate. 90
—— Juvenes (jeunes taillis) 104
Vendis (de).— Ventes d'héritages. 26-27
VERBERIE (et BESTISIACI prepositura).—C^{on} Pont-Ste - Maxence. . . . 41-68
VERNOLIO (de).— Verneuil-sur-Oise, C^{on} Pont-Ste-Maxence. 88
Willermi SUTORIS (domus) 13
Wermondus DARCOURT et eius frater. 65

www.ingramcontent.com/pod-product-compliance
Lightning Source LLC
Chambersburg PA
CBHW061017050426
42453CB00009B/1494